Wer? Wie? Was? Mega
Bärenspaß
1

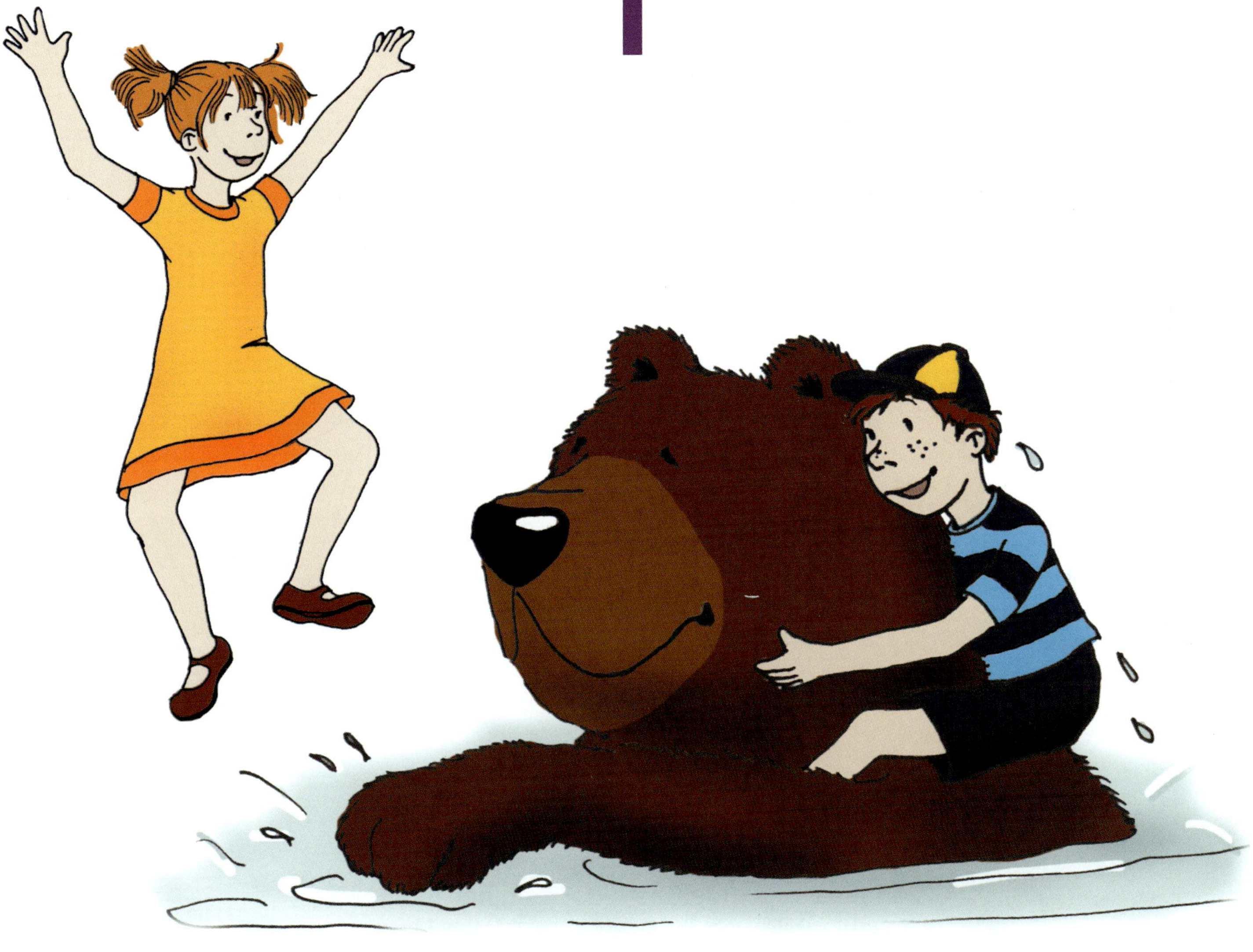

Geschichtenheft Vorstufe

Wer? Wie? Was? Mega Bärenspaß
Band 1: Materialien

Geschichtenheft	Bestell-Nr. **710**
Arbeitsheft	Bestell-Nr. **711**
Aktivkarten	Bestell-Nr. **717**
Aktivkarten im Großformat	Bestell-Nr. **718**
Audio-CD	Bestell-Nr. **713**
Lehrerhandbuch	Bestell-Nr. **714**
32 Arbeitstransparente	Bestell-Nr. **715**
Das Mega-Tischtheater	Bestell-Nr. **716**
Handpuppe Benny	Bestell-Nr. **728**

Wer? Wie? Was? Mega
Bärenspaß 1
(Vorstufe)

Verfasser: Max Moritz Medo, Gunther Schneider
Umschlagbild und Illustrationen: Meike Naumann
Lieder: Frank-Peter Seidenberg
Satz und Layout: Daniel Niederehe
Redaktion: Sanja Köster
ISBN 978-3-86035-710-1

5. Auflage 2008

Copyright © 2001 by Gilde Verlag, Köln
www.gilde-verlag.de

Druck: DRUCKZONE GmbH & Co. KG, Cottbus

Inhalt

Lektion			Seite
Lektion 1		Die Bärenmama	4
Lektion 2		Neue Freunde	12
Lektion 3		Ein aufregender Tag	18
Lektion 4		Benny und Bella	24
Lektion 5		Die Schule	27
Lektion 6		Einkaufen	32
Lektion 7		Maxi baut ein Schiff	36
Lektion 8		Wo ist Maxi?	41
Lektion 9		Zurück in die Stadt	45

Die Bärenmama

Ein Fluss,
ein Wald,
eine Wiese –

schön!

Da ist ein Bär.

Er geht
in den Wald.

Ein kleines Haus.
Ein Ferienhaus.

Ein Mädchen und ein Junge
kommen heraus: Biene und Maxi.

Sie spielen.

Mama ruft: „Biene, Maxi! Bitte holt Wasser vom Fluss!"

Biene und Maxi
gehen zum Fluss.
Sie holen Wasser
für Mama.

„Hier ist das Wasser, Mama."
„Danke, Biene!"

5

Was ist denn das?

„Schau nur,
der große Bär!"

Ein Babybär
ist im Loch.

„Biene, komm schnell!"

Papa kommt aus dem Haus.

Er klettert ins Loch.

7

Papa holt Babybär aus dem Loch.

Mamabär und Babybär gehen in den Wald.
Biene und Maxi winken.
„Tschüss!"

Neue Freunde

„Mama, im Wald sind zwei Bären."
„Bären sind gefährlich!"

Frühstück.

Mama bringt Brot und Honig.

Biene bringt die Messer und die Gabeln.

Maxi bringt die Teller.

Papa bringt Tee.

„Passt gut auf! Geht nicht alleine in den Wald!"

Papa fährt
mit dem Kanu
in die Stadt.

„Tschüss, Papa!"

Biene und Maxi spielen Ball.

„Ich möchte
den kleinen Bären wiedersehen."

Biene und Maxi gehen in den Wald.

„Schau mal, da ist der Babybär!"

„Pass auf, Mamabär kommt!"

Mamabär
leckt
den Honig.
Babybär
leckt an
Bienes Händen.

Die Kinder
spielen
mit den Bären.

„Biene, Maxi!
Wo seid ihr?
Papa ist wieder da!"

Alle tragen
die Sachen
in das Haus:
Milch, Kartoffeln, Zitronen,
...

Ein aufregender Tag

„Pass auf, Maxi.
Das ist schwer."
„Ich bin stark!"

Platsch!
Maxi fällt
ins Wasser.

„Hilfe!"
Papa springt ins Wasser.

„Papa, Papa, schnell!", ruft Biene.

3

Mamabär springt ins Wasser.

„Mamabär! Rette Maxi!"

Mamabär schubst Maxi.

4

Maxi sitzt auf Mamabär.
Mamabär schwimmt ans Ufer.

Hurra! Maxi ist gerettet!

„Hier bin ich! Mamabär ist toll!"

Papa holt Honig für Mamabär.

Aber Mamabär
möchte
keinen Honig.
Mamabär
leckt den Zucker.

Babybär leckt den Honig.
Alle sind glücklich.

Benny und Bella

Abendessen:
Es gibt Suppe,
Brot und Salat.
„Der kleine Bär
heißt Benny.
Der große Bär
heißt Bella."

Die Sonne geht unter. Sie ist gelb, sie ist orange, sie ist rot.

„Waschen,
Zähne putzen –
ab ins Bett."

Es ist dunkel.
Biene und Maxi
gehen zum Fluss.

Maxi hat eine Taschenlampe.

„Gute Nacht!"

Biene und Maxi machen eine Kissenschlacht.

„Schlaft schön
und träumt süß!"

„Gute Nacht, Maxi!"
Aber Maxi schläft schon.

Die Schule

Noch sind Ferien.
Aber Papa und
Biene fahren
heute zur Schule.

Biene ist traurig.
Sie hat Angst
vor der Schule.

Biene und Papa fahren
mit dem Kanu in die Stadt.

„Tschüss!"

Im Wald ist es schön:
Es gibt Rehe, Fische und Hasen.

Da! Die Kirche, die Brücke, ...

... die Schule!

„Hallo, Frau Adams. Ich heiße Sabine."

„Komm Biene, ich zeige dir die Schule." Frau Adams, Biene und Papa gehen in die Schule.

„Toll!
Es gibt auch
Computer!"

„Da ist
unser Fluss."

„Schau mal, Biene!
Diese Sachen musst du mitbringen:
zwei Hefte, einen Bleistift, viele Buntstifte,
einen Spitzer, einen Radiergummi
und eine Schere."

„Komm,
wir gehen
einkaufen."

„Hier sind Erdbeeren
für deine Mama!
Für die Marmelade."

„Danke!" „Auf Wiedersehen!"

Einkaufen

Papa und Biene gehen einkaufen.

„Kaufen wir Blumen für Mama?
Zum Geburtstag."

„Das kostet 42 Euro."

Biene und Papa
fahren zurück.
Biene muss
auch paddeln.

Maxi sitzt am Fluss.
Er baut ein Schiff.

„Papa und Biene
kommen!"

Alle tragen
die Sachen ins Haus.

3

Benny frisst
die Erdbeeren.

Papa und Biene
sind böse.
Sie schimpfen.

„Bella!
Sei nicht böse!"

Abendessen bei Familie Schneider.
Maxi grillt Fleisch. Biene bringt Holz.
Mama und Papa decken den Tisch.

Alle haben Hunger.

Maxi baut ein Schiff

Sieben Uhr.
Maxi steht auf.

Waschen, ...

kämmen, ...

Zähne putzen, ...

anziehen.

Mama und Papa schlafen noch.

Es regnet!

Maxi möchte ein Schiff bauen.

Das Schiff
ist fertig.
Es schwimmt
im Wasser.
„Hallo Maxi,
darf ich
mitmachen?"

3

„Au! Mein Finger!"

Bums –
Biene fällt hin.

Maxi ist böse:
„Biene!
Du bist doof!
Jetzt ist
mein Schiff weg!"

Biene rennt
nach Hause.

4

Maxi
ist wütend.
Platsch,
das Paddel
fällt ins Wasser.

Maxi paddelt mit
den Händen.

„Papa! Mama! Hilfe!"
Aber niemand hört Maxi.

„Herzlichen Glückwunsch zum Geburtstag, Mama!
Schau mal, ich habe mich geschnitten!"

„Maxi! Wo bist du?"

Das Kanu
ist weg!

Wo ist Maxi?

Endlich!
Maxi
ist
am Ufer.

„Hallo! Hallo!
Hier bin ich!"

Maxi will nach Hause.
Wohin muss er gehen?

Maxi ist ganz allein. Maxi hat Angst. Er weint.

„Bella!
Liebe Bella,
bring mich nach Hause!"

Der Wald ist ganz dunkel. Bella brummt und Maxi geht immer weiter.

Da ist das Haus!

„Danke Bella! Du bist toll!"

„Bella hat
mich gerettet!"

Mama hat Geburtstag.
Die ganze Familie ist da.
Alle essen Kuchen, lachen und singen.
Aber Maxi schläft.

Zurück in die Stadt

Montag, Dienstag, Mittwoch ...
Bald sind die Ferien vorbei.
Biene und Maxi
spielen jeden Tag mit Benny und Bella.

„Die Schule
fängt bald an.
Wir müssen
in die Stadt."
Alle sind
traurig.

 **2**

Biene und Maxi
packen ihren Koffer:
Hosen,
Kleider,
T-Shirts,
Schuhe,
Socken, ...

Alle tragen die Sachen zum Jeep.

Da kommen
Benny
und
Bella.

Benny und Bella fressen die Kartoffeln und den Honig.
Sie sind ganz schmutzig!

„Tschüss Benny!
Tschüss Bella!
Wir kommen wieder!"